브르의 인사말

안녕하세요, 정브르입니다!

평소 유튜브 채널 영상과 TV 지식 예능 프로그램 출연을 통해
아마존 생물을 소개한 적이 있는데요, 이번에는
재미있는 학습만화 속 주인공이 되어 아마존 탐험을 떠나게 되었어요.

아마존은 세계에서 가장 크고 깊은 숲이에요.
그 속에는 아직도 우리가 다 알지 못하는 수많은 생물들이 살고 있지요.
책장을 넘길 때마다 "이런 생물도 있었어?" 하고 놀라게 될 거예요.
또 아마존과 생태계의 소중함도 함께 느낄 수 있답니다.

여러분이 <정브르 탐험기>를 읽으며 자연의 신비와 생물들의 특별함을
새롭게 발견하길 바라요.

자, 이제 탐험을 시작할 시간이에요.
저 브르와 함께 아마존 탐험을
떠나 볼까요?

정브르

추천의 글

아마존은 '지구의 허파'라고 불리는 아주 특별한 곳이에요. 아마존의 수많은 나무들이 우리가 숨 쉴 수 있는 산소를 만들고, 뜨거워지는 지구의 공기를 식혀 주지요. 아마존에는 동물과 식물이 셀 수 없을 만큼 많아서, 마치 지구의 보물 창고 같아요. 재규어, 원숭이, 이구아나, 아나콘다, 나비, 앵무새 그리고 거대한 나무와 알록달록한 꽃들이 함께 살아가고 있답니다. <정브르 탐험기>는 그런 아마존의 신비로운 모습을 재미있는 만화로 그리고, 알찬 과학 정보를 담았어요.

국제생물연합 회원인 브르는 다양한 생물을 연구하기 위해 아마존에 왔어요. 존 펠릭스 박사님이 개발한 생물 통역기를 통해 생물들과 자유롭게 이야기를 나눌 수도 있지요. 덕분에 이 책을 읽으면 마치 나 자신이 브르가 되어 동물들과 이야기하는 기분이 들기도 해요.

브르가 이끄는 탐험대는 아마존의 강을 따라 숲속을 누비며, 밀렵꾼들과 맞닥뜨리기도 하고 위험에 빠진 동물들도 구해요. 이 과정을 따라가면서 아마존 강이 얼마나 크고 웅장한지, 또 그 속에 어떤 특별한 생물들이 사는지 알 수 있어요. 생생한 사진과 함께 쉽게 설명되어 있어 과학 지식이 저절로 머릿속에 쏙쏙 들어오지요.

<정브르 탐험기>의 또 다른 장점은 아마존이 왜 중요한지 알려 준다는 것이랍니다. 현재 아마존이 처한 위기와 아마존 숲이 사라지면 겪게 될 일을 깨닫게 해 주지요. 책을 다 읽고 나면 아마존을 보호하는 데 도움이 되고 싶을 거예요.

여러분도 이 책을 읽고 브르와 함께 신나는 모험을 즐기며 지구의 소중함까지 배워 보세요!

과학 전문 작가 **유윤한**

차 례

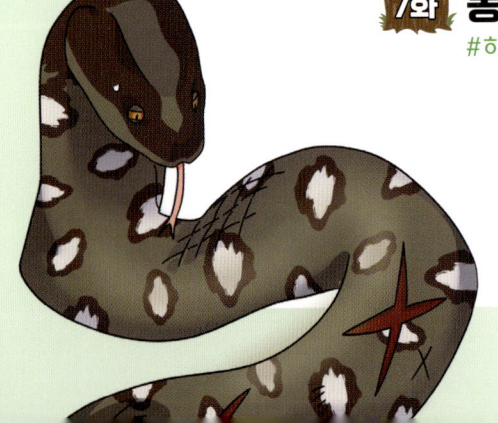

가 보자고!

등장인물

제인

국제생물연합의
연구원이자 존 박사의
조수. 다친 동물들을
치료하고 있다.
엉뚱한 존 박사와
달리 차분하다.

타루

아마존 현지인이자
정브르 팀의 가이드.
아마존 생활에 밝아
정브르 일행에게
큰 도움을 준다.

정브르

누구보다 생물을 사랑하는 마음이 크다.
정보 수집을 위해 떠난 탐험에서
새로운 친구들을 사귀게 된다.

존 펠릭스

국제생물연합의
괴짜 박사. 유쾌하고
호탕한 성격으로,
생물 통역기를
발명했다.

생물 통역기

사슴벌레 모양의
특별한 기계.
생물의 말을 인간의
말로 통역해 준다.
또 다른 기능이
숨겨져 있을지도?!

풀루~

차카

초록이구아나 왕국의 왕자.
상처 입은 모습으로
브르의 도움을 받게 된다.

밀렵꾼들

재규어

스칼렛 마코

큰수달

왕부리새

아나콘다

1화

브르, 아마존에 가다!

이곳은 아마존 열대 우림의 바깥쪽.

아마존이란?
남아메리카에 있는 매우 넓은 *분지와 열대 우림 지역이에요. 전 세계에서 가장 다양한 동물과 식물이 살고 있답니다.

아마존에 사는 다양한 생물을 연구하기 위해

츳츳

우께

국제생물연합의 한 연구팀이 탐사를 온다.

좋아, 준비는 거의 끝났고….

*분지: 산들이 둘러싸고 있는 넓고 평평한 땅.

이제 잘 작동하는지 시험하면 되겠군!

존 펠릭스 박사
국제생물연합의 괴짜 박사.
사슴벌레 모양의
생물 통역기를 발명했다.

생물 통역기
생물의 말을 인간의 말로
통역해 주는 특별한 기계.

잠깐, 집게에 요리하는 기능을 추가해 볼까?

안 돼요, 박사님!

그 탈은 생물과 소통하는 기계지,

요리하는 기계가 아니잖아요.

제인
국제생물연합의
연구원이자
존 박사의 조수.
다친 동물들을
치료하고 있다.

알겠네…. 그럼 정브르 군을 불러오게.

시무룩

브르야, 준비됐어!

9

자네의 임무는
이 탈을 쓰고 지구 곳곳을
탐험하며 다양한 생물 정보를
모아 오는 걸세!

네! 탈이
잘 작동하는지 근처에서
확인해 볼게요!

오, 개미 떼 발견!

가까이
다가가 볼까?

뭐야, 이 못생긴
생명체는?

콧구멍 큰 거 봐.

마음의 상처만
얻었어….

뭐지?

두둥

초록이구아나
아마존을 포함한 넓은 지역에 사는 대형 도마뱀. 강력한 발톱을 사용해 나무를 타고, 수영할 때는 꼬리를 흔들며 앞으로 나아가요.

이, 이구아나?

으으….

사, 살려 줘….

픽

꺄악!

히익!

어서 왕국으로 돌아가야 해!

상처가 벌어지니까 움직이면 안 돼!

이거 놔!

너희도 날 잡아서 팔아 버릴 거지?

그게 무슨 소리야? 널 팔다니?

너희 같은 생명체가 날 잡으려고 했어.

거기서 겨우 도망쳤단 말이야.

뭐라고?

끄덕

난 생물인 정브르,
널 치료한 이 친구는
제인이야.

우린 생물들을 보호하고
조사하기 위해 여기 왔어.

널 해칠 생각은
조금도 없어. 진짜야!

끄응.

너한테 무슨 일이 있었는지
우리한테 말해 줄 수 있어?

…좋아.

내 이름은 차카.
초록이구아나 왕국의
왕자다.

늠름~

약혼녀에게 줄 선물을 구하러 가는 길이었지.

성큼

성큼

룰룩~

마니가 좋아하는 파파야다!

오호.

응?

저벅

초록이구아나잖아?

이렇게 만나다니 아주 운이 좋군.

밀렵꾼이란?
불법으로 야생 동물을 몰래 사냥하는 사람들을 말해요. 밀렵꾼들 때문에 아마존 생태계와 원주민 사회가 위협받고 있지요.

보자마자 바로
도망쳤지만⋯.

뭐 하는 거야!
빨리 잡아!

팍

히익! 잡혔어!

얘를 넣을 주머니가
없는데 어떡하죠?

그냥 들고 가.

초록이구아나라니,
대장님이 좋아하시겠어!

대롱

대롱

으윽.

파닥

?

뚝

이구아나의 꼬리 끊기

이구아나는 위험할 때
꼬리를 잘라 적을 속여요.
꼬리는 다시 자라지만,
이전만큼 튼튼하지 않아요.

도
도
도

녀석이
도망친다!

꿈틀

꼬리를 잡으면
어떡해!

당장 잡아 와!

그렇게 여기까지
오게 된 거야.

밀렵꾼에게 쫓기다니
많이 힘들었겠다.

~차카의
이야기를
전달하는 중~

훌쩍

그래서 꼬리가
잘려 있었구나.

왕국으로 다시 돌아가야 해.

가족과 약혼녀가 기다리고 있을 거야.

밖은 아직 위험해. 차카, 우리가 왕국까지 데려다줄게!

뭐? 하던 일은 어떡하려고?

어차피 아마존 구석구석을 돌아다녀야 하잖아~.

헤헤

도와주러 가는 길에 조사하면 되지!

정말이야?

제인~, 괜찮지?

끄응...

이미 도와준다고 했으니 하는 수 없지, 뭐.

헤헤, 좋았어~!

2화
출발!
아마존 탐험

웃차!

척

제인, 준비 다 됐어?

잠깐만~, 혹시 모르니까 약을 더 챙길게.

브르야, 넌 짐 다 쌌어?

나?

나는 비상식량이랑 건강한 몸이랑….

생물 통역기만 있으면 되니까!

빠 밤

넌 참 편해서 좋겠다.

하 하 하 하

차카를 데려다주면서 생물 데이터도 많이 모아야 하는 거 알지?

그럼~, 알고 있지!

브르 군, 제인에게 소식 전해 들었네.

이구아나를 왕국까지 데려다주기로 했다고?

스윽

네, 박사님.

깊은 곳까지 가야 하니 타루 군과 함께하게.

짜

잔

타루
아마존 현지인이자 정브르 팀의 가이드. 아마존에 대한 다양한 정보를 알고 있다.

타루 씨, 앞으로 잘 부탁드려요!

제가 아마존 길을 잘 아니까 도움이 될 거예요.

박사님은 같이 안 가세요?

난 여기 남아서 *베이스캠프를 지켜야지!

하하! 한동안 제인의 잔소리를 듣지 않겠군~!

활짝

*베이스캠프: 탐험이나 등반을 할 때 활동을 준비하고 휴식하는 기지.

그거야, 박사님이 워낙 엉뚱하시니까 그렇죠!

으읙!

찌릿

자~, 준비됐으면 얼른 출발해야지!

아마존 탐험대, 출발하겠습니다!

저벅

저벅

이구아나 왕국은
어디에 있어요?

우리 왕국은♪ 저~기 동남쪽 뱃길 따라 87K,
외로운 섬 하나 새들의 고향♪ 에서 왼쪽으로 3번,
오른쪽으로 22번 가서 보이는
작은 폭포에서 왼쪽으로 가면 돼.

휘적

휘적

차카의 말을 들을 수 없는
사람들의 눈에는….

그렇구나!

우리도
알려 줘야지….

차카가 뭐라고
했냐면~.

~차카의 말을
전달하는 중~

큰일이네요.

왜요?

차카가 말해 준 길이
꽤 험하거든요.

다른 길로 돌아가면
시간이 두 배 정도
오래 걸리고요.

괜찮으니까
빠른 길로 가요!

좋아요, 그럼
후회하지 않기예요?

잠시 후

어기적

능숙~

바스락

으으,
후회된다.

네? 이제 10분 걸었는데요?

황당

그치만 길이 이렇게 험할 줄 몰랐어요.

체력이 엉망이네.

그게 아니라, 날씨가 덥고 습해서 금세 지치는 거야~.

끈적하고 찝찝해!

찝찝~

굽굽~

아마존은 열대 기후라서 기온이 높고 습해요.

지금은 우기라서 평소보다 비가 더 자주, 많이 내리고요.

맞아요, 아마존에 처음 온 날 비가 엄청 많이 내렸죠.

싸아아

덕분에 차 안에서 꼼짝을 못했으니까 말이야.

그럼 건기에는
비가 안 와?

우기보다 비가
덜 오는 거지,
습도는 똑같이 높대.

아마존의 우기와 건기

우기(12~5월)

하루에도 몇 번씩 소나기가 내리며
강수량이 매우 많아요. 강과 계곡이 흘러넘치고,
생태계가 활기를 띠지요.

건기(6~11월)

날씨가 더 건조하고 비가 덜 내려요.
강이 줄어들고, 일부 동식물은 *휴면기에
들어가기도 해요.

날씨를 미리 알아도
적응하는 건 또 다른
문제구나.

난 딱 좋은데!

뻘

뻘

이렇게 더운데
타루 씨는 괜찮아요?

그럼요~.

전 아마존에서 태어나고
자라서 익숙해요.

*휴면기: 환경이 좋지 않을 때, 잠시 활동을 멈추고 쉬는 시기.

아마존의 과거와 현재

과거의 아마존은 이런 곳이었어요.

생물 다양성

지구 전체 생물의 약 10%가 아마존에 살 정도로, 생물 종이 풍부했어요.

지구의 허파

열대 우림의 수많은 나무와 식물이 전 세계 산소의 10% 이상을 만들었어요.

아마존강

아마존 열대 우림

과거의 아마존

원주민 삶의 터전

수백 개가 넘는 원주민 부족이 다양한 언어와 문화를 가지고 살고 있었어요.

나무

철광석

금

자원의 보물 창고

나무와 광물, 고무, 식물 등 자원이 풍부해서 경제적으로 가치가 커요.

하지만 요즘은 이렇게 바뀌었죠.

멸종 위기 생물
환경 오염과 밀렵 때문에
동식물들이 멸종 위기에
처해 있어요.

삼림 파괴
벌목과 화재 때문에 숲이 파괴되어,
산소 배출량이 줄어들고 있어요.

**현재의
아마존**

도시화
현대적인 생활을 할 수 있게 되었어요.
하지만 원주민들의 전통과 문화가
점차 사라지고 있어요.

병원과 학교 건설
병원에서 진료와 치료를 받고,
학교에서 교육을 받을 수 있게 되었어요.

개발이 꼭 나쁜 건 아니지만

피해를 입는 사람이 없는지 신중하게 고민한 다음에 결정해야 한다고 생각해요.

프덕

가이드를 하면서 옛날과 지금의 모습을 비교하게 되더라고요.

아하!

고오오..

어라?

차카, 왜 그래?

타닷

*스콜이에요! 얼른 피하세요!

쿠르릉

*스콜: 뜨거운 공기가 빠르게 올라갔다가 식으면서, 갑자기 내리는 비.

투둑
툭
쏴아아
갑자기 이렇게 장대비가 내리다니!
비가 너무 많이 내려서 앞이 잘 안 보여!
앗!
좁았던 강물이 불어나고 있어!
콸콸
!!!

지구의 허파

초등 교과 연계
3~5학년 생물과 환경

아마존의 강과 숲

아마존은 남아메리카 대륙에 있는 아주
거대한 숲이에요. 아마존강을 따라 여러
나라에 걸쳐 있는 열대 우림이지요.
1년 내내 덥고 비가 많이 내리는 곳으로
다양한 동식물들이 살아가고 있어요.

아마존의 모습

아마존에 사는 수많은 식물들은 광합성을
통해 이산화 탄소를 마시고, 산소를 내뿜어요. 산소는 공기를 깨끗하게 만들고,
지구의 생명체들이 숨 쉴 수 있도록 도와주지요. 그래서 아마존을 '지구의 허파'라고
불러요.

아마존 숲의 가장 높은 '최상층'은 약 40~60미터의 키가 큰 나무들이 하늘 위로
솟아 있어요. 큰 독수리나 앵무새 같은 새들이 이 위를 날아다니지요. 그 아래
'수관층'은 키 큰 나무들이 뻗은 나뭇가지와 잎으로 덮인 숲의 지붕이에요. 원숭이,
나무늘보, 나비들이 이곳에 살지요. 수관층 아래 '하층'은 땅에서 10~20미터
높이예요. 햇빛이 잘 들어오지 않아 어두컴컴하고, 뱀, 도마뱀, 개구리, 모기 같은
동물들이 살고 있답니다. 그보다 아래인 '삼림 바닥층'은 햇빛이 거의 닿지 않아
곰팡이나 곤충이 살고, 썩은 나무와 낙엽으로 덮여 있어요.

독수리

도마뱀

★ 생물 박사 상식 ★   왜 '아마존'이 되었을까?

16세기 스페인 탐험가들이 들어오기 전까지 아마존은 세상에 알려지지 않았어요.
탐험가들은 강가에서 활을 쏘며 맞서는 여인들을 보고 그리스 신화 속 여전사 부족
'아마조네스'를 떠올렸지요. 그때부터 이 강은 아마존이라 불리게 되었어요.

아마존의 특징과 생태계를 알아보자!

모두가 연결된 생태계

생태계는 살아 있는 것과 살아 있지 않은 것이 함께 어울려 사는 환경을 뜻해요.
조그만 연못이며, 커다란 숲처럼 크고 작음에 상관없이 모두가 자연을 이루고 있어요.

생태계 ┬ 살아 있는 것 ┬ **생산자** — 햇빛을 이용해 스스로 양분을 만드는 생물
│ │ : 나무, 풀, 수련
│ ├ **소비자** — 스스로 양분을 만들지 못해 다른 생물을 먹고 사는 생물
│ │ : 나무늘보, 나비, 개구리, 뱀, 물고기, 재규어, 앵무새
│ └ **분해자** — 죽은 생물이나 배설물을 분해해 흙과 영양분으로
│ 돌려보내는 생물 : 곰팡이, 세균
└ 살아 있지 않은 것 — 살아 있지 않지만 생물에 꼭 필요한 환경 요소
: 햇빛, 공기, 물, 온도, 흙

아마존의 생태계

앵무새 / 햇빛 / 공기 / 나무늘보 / 곰팡이 / 재규어 / 세균 / 나무 / 뱀 / 나비 / 개구리 / 풀 / 물고기 / 물 / 수련

★ **생물 박사 상식** ★ **아마존의 비밀 정원, '테라 프레타'**

'테라 프레타(검은 흙)'란 기원전 450년 경부터
1000년이 넘는 시간 동안 고대 아마존 사람들이 숯과
뼈, 음식물 찌꺼기를 섞어 만든 흙이에요. 아마존 숲의
흙은 영양분이 부족한 편으로 땅 속에 테라 프레타가
있는 곳에서는 식물이 잘 자라요.

테라 프레타

3화
스콜을 피하는 방법

콸

콸

강물이 더 불어나기 전에 어서 피해요!

쏴아아

한편

쌰아

빨리 뛰어!

쳇, 갑자기 스콜이 쏟아지다니!

슉

돌아왔습니다, 대장님.

그래, 오늘 잡은 동물은?

한스
밀렵꾼들의 대장. 부하들을 시켜, 아마존의 동물들을 사냥하고 있다.

초록이구아나를 잡았었는데….

그런데?

아쉽게 그만 놓쳐 버렸습니다.

꿀꺽

35

뭐라고?

너희를 팔아 버리기 전에 당장 나가서 뭐든 잡아 와!

콩

으윽! 알겠습니다!

답답한 녀석들이군.

그나저나 녀석들이 초록이구아나를 발견했단 말이지?

씨익

사는 곳만 찾으면 여러 마리를 잡을 수 있겠어.

저쪽에 낮은 나무랑 큰 잎들이 있어서 비를 피하기 좋아 보여요!

다들 차카를 따라가죠!

난 차카가 혼자 비를 피하러 간 줄 알았지, 뭐야~.

흥! 날 뭘로 보는 거야?

근데 비는 언제 그칠까?

그래도 빗줄기가 아까보다 약해진 것 같아.

어?

와, 나비다!

무늬가 진짜 신기해!
너무 예쁘다~.

모르포 나비
푸른색 날개의 너비가
7.5~20센티미터인 커다란 나비.
날개 색깔이 화려해서 눈에 잘 띄지만,
뒷면에 갈색 눈 모양의 무늬가 있어서
날개를 접으면 보호색이 되지요.

!

나뭇잎 건드리지 마!
비 맞잖아!

버럭

날개가 젖으면
안 된단 말이야!

제인, 모르포 나비가
화내는데?

앗, 미안해!

39

비를 피하느라 곤충들이 다들 예민한가 봐.

그렇구나. 조심할게.

꼬물

풍뎅이 유충

꼬물

대왕비단벌레

흰개미 떼

저건 뭐지?

졸

졸

자세히 보니 아마존 불개미네.

쟤네는 비가 많이 오면 자기들끼리 뭉쳐서 물에 둥둥 떠다니더라?

아마존 불개미

홍수가 일어나면 서로 몸을 꽉 붙잡아 '개미 뗏목(살아 있는 뗏목)'을 만들어요. 뭉쳐진 개미 뗏목은 물 위에 몇 주 동안 떠 있을 수 있어요. 비가 그치고 물이 빠지면 마른 땅이나 나무를 찾아 둥지를 만들지요.

뗏목을 만들어서 살아남다니 진짜 똑똑한데?

흐흐흐….

왜 그래?

반짝 반짝

이렇게 신비한 곤충들을 직접 보니까 너무 행복해!

역시 아마존에 오길 잘했어!

가까이 가서 볼래~!

잠깐만, 브르야! 비가 그칠 때까지 기다려!

그, 그치만 지금 당장 관찰하고 싶단 말이야~!

투둑

투둑

드디어 비가 그쳤네요.

헤헤! 이제 가까이 가서 봐도 되지?

꾸

욱

쉬익

?

오늘 반찬은 너다!

휘릭

살려 줘! 난 아직 연애도 못 해 봤다고!

꽈악

뭐라고? 진짜?

지금 그게 중요한가요?

스르르

어라?

크윽.
상처가 아파서
힘을 쓸 수가 없어….

이 상처들은
어쩌다 난 거야?

알 필요 없어!

….

너만 괜찮다면 우리가 치료해 줄게.

깜짝

뭐어?!

네가 저 아나콘다를 치료한다는 뜻이지?

저는 길 안내 담당이에요.

난 할 줄 모르는데? 제인, 네가 해 줘.

싫어! 무서워! 절대 못 해!

저렇게 많이 다쳤는데도?

아야....

우리가 아니면 도와줄 사람이 없을지도 몰라.

우리는 생물을 연구하려고 아마존에 왔지만

보호해야 할 의무도 있잖아.

끄응.

알겠어….

대신 옆에서 꽉 잡아 줘야 해!

미안한데, 꼬리 좀 잡을게.

알겠다.

그럼 이제 소독한다?

슥

슥

앗, 따가워!

으악!

들썩

제인, 도와줘!
멀미할 것 같아!

킥킥!
웃기다.

잘 잡고
있으랬잖아.

잠시 후

휴, 치료는
잘 끝났어!

으으...

고맙다, 인간.

아까 일은 미안하다.
몸에 상처가 나서
예민한 상태였어.

에이,
별말쓸~.

척!

우린 당연한
일을 한 거야.

모든 생명은
소중하니까!

찌~잉

그런데 어쩌다 다친 거야?

그게…. 며칠 전에 인간 무리와 마주쳤다.

날 잡아가려고 하길래 맞서 싸우다가 그만 상처가 나고 말았지.

상처를 확인하고는 그냥 가 버리더군.

뭐라고? 아나콘다가 만난 것도 그 밀렵꾼들일까?

날 잡아가려던 녀석들이 분명해!

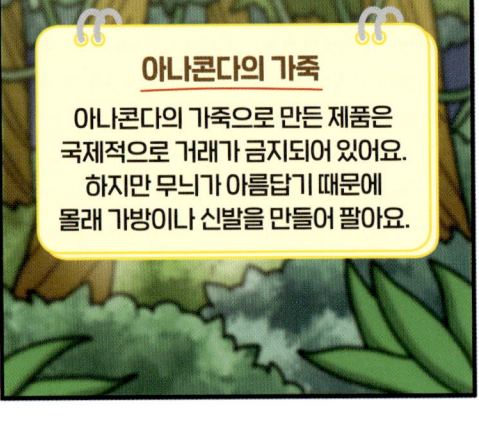

아나콘다의 가죽

아나콘다의 가죽으로 만든 제품은 국제적으로 거래가 금지되어 있어요. 하지만 무늬가 아름답기 때문에 몰래 가방이나 신발을 만들어 팔아요.

앗!

설마 우리를 먹을 건 아니지?

슬금

나도 양심이란 게 있거든?

그치? 나도 그냥 해 본 말이었어. 배고플 테니까 내 비상식량을 나눠 줄게!

고마운 인간이군. 잘 먹겠다.

냠냠

부스럭

응?

배가 고파도 공격하면 안 돼. 약속이야!

알겠다···.

냠 냠

그런데 이 동물들도 상처투성이예요.

혹시 너희도 밀렵꾼 때문에 다친 거야?

맞아.

난 송곳니만 뽑히고 버려졌지.

친구들은 다 잡혔고, 나만 겨우 도망쳤어.

날개를 다쳐서 잘 날지도 못해.

추욱

완전 악질 밀렵꾼들이잖아?

더 이상은 못 참아!

브르 씨는 동물을 사랑하는 마음이 진짜 대단하네요!

우오오─

맞아요.

네가 그 녀석들을 혼내 줄 수 있어?

나만 믿어!

그럼 저쪽으로 가 봐.

!

저 방향은 우리 왕국으로 가는 길인데?

쿠궁

생물 다양성의 보고

초등 교과 연계
3~5학년 생물과 환경

다양한 생물의 천국, 아마존

아마존은 지구에서 가장 큰 열대 우림이에요. 한반도의 약 70배 정도로 넓고, 생물 다양성도 매우 풍부해요. '생물 다양성'이란 한 지역에 사는 생물의 종류가 얼마나 다양한지 나타내는 말이에요. 아마존에는 포유류, 새, 파충류, 양서류, 어류 등 수천 종의 생물이 살고 있어요. 지구에 사는 생물 중 약 10퍼센트가 이곳에 있을 정도랍니다.

피라루쿠

'파이체'라고도 불러요. 민물에 사는 물고기 중 전 세계에서 가장 커요. 몸길이가 약 3미터에, 무게는 200킬로그램이 넘지요. 산소가 부족하면 물 위로 입을 내밀어 숨을 쉬어요.

길이가 8미터 이상 자라기도 하는 전 세계에서 가장 큰 뱀이에요. 강한 근육으로 사슴이나 카이만 같은 커다란 동물도 칭칭 휘감아 잡아먹을 수 있어요.

아나콘다

카피바라

전 세계에서 가장 큰 설치류예요. 몸길이는 약 1.3미터이고, 무게는 보통 60킬로그램까지 나가요. 강가에 무리지어 사는데, 성격이 온순해서 다른 동물들과 잘 어울려요.

★ 생물 박사 상식 ★ 아마존에는 왜 거대 동물이 많을까?

아마존에는 큰 동물들이 많이 살아요. 일 년 내내 열매가 열리고, 사냥하기 좋은 작은 동물이 많아 큰 몸집을 유지하기 쉽기 때문이지요.
또, 큰 강과 넓은 숲이 큰 동물이 살기에 알맞은 공간을 만들어 주어요.

아마존의 다양한
생물들을 알아보자!

숲의 균형을 이루는 아마존

포유류	재규어, 아마존강돌고래, 나무늘보, 개미핥기, 원숭이 등
새	앵무새, 왕부리새, 하피 독수리, 벌새, 독수리 등
파충류	아나콘다, 카이만, 이구아나, 거북 등
양서류	독화살개구리, 나무개구리 등
곤충	나비, 군대개미, 딱정벌레, 모기, 흰개미 등
어류	피라냐, 피라루쿠, 전기뱀장어, 메기 등

나무늘보

왕부리새

독화살개구리

흰개미

만약 아마존에 사는 동물들이 하나둘 사라지면 어떻게 될까요? 포식자가 없어지면
초식 동물이 늘어나 나무와 풀이 제대로 자랄 수 없어요. 그러면 아마존의 숲이
황폐해지고, 공기가 나빠져 인간이 살아가기 힘들어지지요. 또, 꽃가루를 옮기는
곤충이 사라지면 식물이 제대로 번식하지 못해요. 식물이 사라지면 그것을 먹고
사는 초식 동물, 초식 동물을 먹고 사는 육식 동물, 그리고 인간까지 영향을 받아요.
결국 아마존 동물의 멸종은 지구 생태계에 큰 위협이 된답니다.

★ 생물 박사 상식 ★ 아마존 최고의 포식자, 재규어

아메리카 대륙에서 가장 큰 고양잇과
동물이에요. 몸길이는 약 2미터이고, 무게는
100킬로그램이 넘지요.
강한 턱 힘으로 단단한 거북의 등딱지도
부수며, 사슴이나 원숭이, 강에서는
카이만이나 큰 물고기를 사냥해요.

5화

열대 우림의 이구아나 왕국

다음 날

어기적

바스락

형님, 주변이 다 풀인 열대 우림에서

초록이구아나를 어떻게 찾아요?

후후, 다 방법이 있지!

왝

초록이구아나의 습성을 잘 알고 있으면 돼!

이해하기 쉽게 알려 줄 테니까 잘 들어.

척

초록이구아나는 낮에 활동하는 동물이야.

햇볕을 쬐기 위해 나무 위에 있을 때가 많아.

그러니까 나무 위쪽을 잘 살펴봐야 해.

나무와 색깔이 비슷해서 잘 안 보이니, 주의가 필요하지.

그리고 나무 밑에 배설물이 있다면

나무 위에 이구아나가 있다는 신호야.

허물을 벗고 난 껍질 조각을 발견하면 주변을 잘 살펴볼 것!

이상, 교육 끝!

형님, 진짜 똑똑하시네요!

짝

짝

버

박수만 치지 말고
빨리 가서 찾아!

후다닥

틱

네!

두고 보자! 이번에는 반드시
잡고 말겠어!

한편

브르야, 얼른 일어나!
짐 싸서 출발해야지~.

드르렁~

크헉!

어? 맛있는
냄새다!

벌떡

으야!

오늘 아침은
뭐야?

음식 냄새 맡고
일어났어?

타루 씨가 먹을 수 있는
버섯들을 따다 줘서
스튜를 끓였어.

보글

보글

짜잔~!
아마존 버섯 스튜!
어때, 맛있겠지?

윽, 엄청난
색깔이군.

냄새는 좋았는데,
버섯은 싫어….

우리 브르, 혹시
반찬 투정하는 거야?

싸아….

히, 히익!

정. 말. 맛. 있. 다.

그치?

이구아나 왕국까지 얼마나 남았대?

조금만 더 가면 된대!

차카, 나 궁금한 게 있어.

뭔데?

이구아나는 독립적인 성격이라 *단독 생활을 한다고 하던데,

쌩~

어쩌다 왕국을 이루게 된 거야?

듣고 보니 그렇네? 나도 궁금해!

흠....

아주 예리한 질문이군.

*단독 생활: 동물들이 무리를 짓지 않고 한 마리씩 사는 것.

브르가 알고 있는 것처럼 우리 이구아나들은 단독 생활을 해.

친구 사귀는 거 싫어.

하지만 요즘 이구아나 수가 줄어서 우리끼리 모여 왕국을 만들었지.

아마존에서 살아남기에도 더 유리하고 말이야.

그래도 집단 생활에 적응하려면 힘들잖아.

괜찮아~!

내 사랑을 매일 볼 수 있어서 좋은걸!

그래?

차카는 정말 사랑꾼이구나.

배 배

초록이구아나의 특징

우리 초록이구아나에 대해 알려 줄게!

크기

몸집이 큰 이구아나 중 하나예요.
머리부터 꼬리까지 140센티미터 정도이고,
최대 2미터까지 자라요.
몸무게는 6~8킬로그램이지요.

발톱과 꼬리

길고 구부러진 발톱으로
나뭇가지를 잘 잡아요.
꼬리는 몸길이의 반 이상일
정도로 길어요.
긴 꼬리로 균형을 잡거나
나무를 타요.

색깔

주로 초록색이지만,
기분이나 온도 등
환경에 따라
피부 색깔이 달라져요.

행동

자신의 영역을 주장할 때
고개를 위아래로 빠르게 흔들어요.
위험을 느끼면 꼬리를 세게
휘두르며 방어하지요.

먹이

초식 동물로, 나뭇잎과
꽃, 과일 등을 먹어요.

다양한 이구아나

다른 이구아나도 있다고!

바다이구아나

사는 곳: 갈라파고스 제도
몸길이: 약 130센티미터
특징: 바다에서 헤엄치고, 해조류를 먹는 유일한 파충류예요.

갈라파고스육지이구아나

사는 곳: 갈라파고스 제도
몸길이: 약 150센티미터
특징: 뾰족한 선인장의 가시까지 먹어요.

바위이구아나

사는 곳: 카리브 제도의 건조한 환경
몸길이: 약 150센티미터
특징: 바위와 비슷한 색깔이라 숨기 좋아요.

푸른이구아나

사는 곳: 케이맨 제도
몸길이: 약 150센티미터
특징: 몸 색깔이 아름다운 푸른색이에요.

사막이구아나

사는 곳: 미국과 멕시코의 사막
몸길이: 약 60센티미터
특징: 더위에 매우 강하고 튼튼해요.

피지줄무늬이구아나

사는 곳: 피지
몸길이: 약 60센티미터
특징: 초록색 몸에 흰색 줄무늬를 가지고 있어요.

저 수풀만 지나면
우리 왕국이야!

폴짝

사사삭

차카가
완전 신났어!

빨리 와!

알겠어!
빨리 갈게~.

스윽

이렇게 많은 이구아나는 처음 봐!

나도!

여러분, 제가 돌아왔습니다!

실종됐던 차카 왕자님이다!

다들 고개를 숙여!

넙죽

에헴!

뽈 뽈

진짜 왕자였네.

차카 님~!

정보로 탐험단 대원증

사진

대원명

소　속

생　일

위 사람이 정보로 탐험단의
대원이 되었음을 증명합니다.

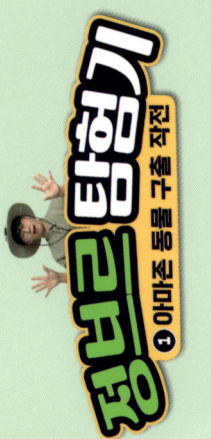

정브르 탐험기

① 아마존 동물을 구출 작전

서울문화사

따 따 따

마니
차카의 약혼녀.
눈물이 많고 마음이 여린
초록이구아나.

마니,
잘 있었어?

전 잘 있었죠, 흑흑!
보고 싶었어요~!

감동적이야.

근데 이상하게 생긴
이 생명체들은 뭔가요?

핵

이, 이상하게
생긴?

날 왕국까지
데려다준
착한 인간들이야.

잘 대해 주면
좋겠어!

네~!

파파야를 산처럼 쌓아 줬네! 잘 먹을게~.

초록이구아나가 잔뜩 있군.

두둥

여기다!

?!

저벅

밀렵꾼이다!

!!

다들 도망쳐!

덜 덜

이런! 마니가 도망을 못 갔어!

너희는 뭐야?

파직

저희는 국제생물연합의 연구원이에요.

아마존의 동물들을 잡아가면 안 되죠!

버럭

당신들 때문에 아마존 생태계가 파괴되고 있다고요!

그리고 밀렵은 불법이에요.

그러니까 돌아가세요.

싫은데?

우리도 먹고살아야지~.

철컥

그러니까 그걸 왜 동물들로…!

브르야, 잠깐!

저 사람들 총을 가지고 있어.

함부로 나서면 위험해.

생물 통역기에 카메라가 있으니까 녹화부터 하자.

위잉—

응, 알겠어.

바스락

형님, 여기요!

도망 못 간 한 마리가 남아 있었네?

떨…

떨…

고

오

오

밧줄을 어떻게 풀지?
찡
찡
있어 봐, 내가 풀어 줄게.
콱
차카! 잘 숨어 있었구나. 정말 다행이야~.
울컥
그게… 엉엉~ 아니라… 흑흑~.
엉엉
너 울어?
마니가 잡혀가는 걸 보고도 숨어 버렸어.
난 겁쟁이야. 왕자로도, 약혼자로도 탈락이라고!
훌쩍
차카….

저도 더는 못 참겠어요!

아마존에 사는 모두를 위해서 저 밀렵꾼들을 쫓아내야 해요!

브르야!

감동~

제인, 타루까지…. 모두 정말 고마워.

동물들을 마구 잡는 영상을 모아서 경찰에 신고하자!

음, 그런데 문제가 하나 있어.

아마존에서는 통신이 불안정해서 신고하기가 힘들어.

Tel 2:48 PM

이 지역에서는 외부와의 통신이 불가합니다.

그럼 어쩌지?

흐음….

아, 생물 통역기로 박사님 컴퓨터에 연락하면 어떨까?

박사님이 경찰에 신고해 주시는 거지.

박사님은 아마존 열대 우림 바깥쪽에 계시니까 전화가 가능하실 거야!

그럼 우리는 밀렵꾼들 뒤를 쫓아가죠!

폴짝

이구아나 백성들이여!

반드시 마니와 백성들을 구해 올게.

내가 돌아올 때까지 왕국을 잘 부탁해!

다녀오세요, 왕자님!

몸 조심하세요!

다 다 다

79

헉.

헉.

이 길이
맞는 걸까?

글쎄….

온통 다 숲이라
길을 못 찾겠어.

삥

삥

밀렵꾼들 흔적도
여기서 끊겼어요.

안녕,
브르와 친구들!

푸득

어제 봤던
왕부리새잖아?

밀렵꾼들은
찾았어?

아까 마주치긴
했는데….

일어난 일들 설명 중….

꽉꽉

꽈악

밀렵꾼이 이구아나들을 데려갔고, 뒤쫓았지만 결국 놓쳤다는 거지?

응, 맞아.

이번엔 내가 너희를 도울 수 있을 것 같아.

큼큼!

꽈아악!!

위~잉

?!

붉은은둔벌새다!

붉은은둔벌새

길고 뾰족한 날개로 꽃 사이를 빠르게 날아다녀요. 부리가 둥글게 휘어서, 꽃 깊숙한 곳에 있는 꿀도 먹을 수 있어요. 날개 생김새 덕분에 지구상에서 가장 먼 거리를 날 수 있는 새로 알려져 있답니다.

웡

웡

밀렵꾼을 찾고 있어. 도와줘!

우리만 믿어!

위잉~

고마워, 얘들아~.

왕부리새가 말한 게 저 인간들인가?

빨리 움직여!

웅 웅

위잉~

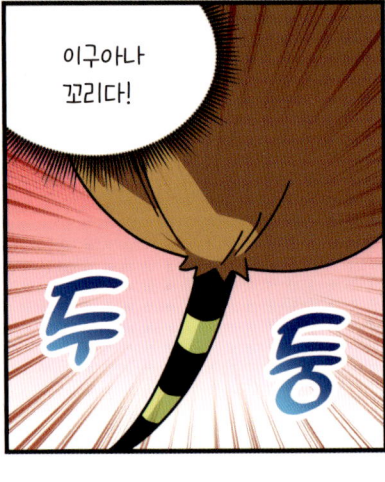

이구아나 꼬리다!

두 둥

그런데 왜 세 마리뿐이지?

사는 곳을 찾긴 했는데 모두 도망쳐 버려서….

쯧, 됐어. 내일 도시로 갈 테니까 여긴 다 정리해.

네!

한편

헥헥.

웡~

벌새가 돌아왔어!

밀렵꾼들을 찾았어.

동쪽으로 쭉 가면 밀렵꾼들의 천막이 보일 거야.

파닥

파닥

!

고마워!

마니, 조금만 기다려. 지금 구하러 갈게!

서두르자!

다

다

다

찾았다!

자원의 보고

초등 교과 연계
3~5학년 생물과 환경

지구의 약국이자 공기 청정기, 아마존

아마존 숲에는 4만 종이 넘는 식물이 자라고 있어요. 하늘 높이 자란 거대한 나무부터 작은 덩굴 식물, 밤이면 어둠을 밝히는 형광 버섯까지 정말 종류가 다양하지요. 아마존의 식물들은 우리에게 큰 도움을 주어요. 수많은 나무가 이산화탄소를 흡수하고 산소를 내뿜어 지구의 공기를 깨끗하게 해 주지요. 어떤 식물들은 새로운 약을 만드는 소중한 자원이 되기도 해요. 예를 들어, 기나나무에서 얻은 '키니네'는 오랫동안 말라리아 치료제로 사용되었어요. 이처럼 아마존 식물들로 만든 약들이 전 세계에서 쓰이고 있으며, 요즘은 암 치료제 개발에도 활용되고 있어요.

아마존 숲에 사는 식물들

나무	브라질너트나무, 세이바나무, 아사이야자나무, 카포크나무, 맹그로브 등
관목	카카오나무, 커피나무, 헬리코니아 등
덩굴 식물	고무나무 덩굴, 야생 포도 덩굴 등
약용 식물	기나나무, 카엔고추 등
수생 식물	아마존 수련 등

브라질너트나무

헬리코니아

기나나무

아마존 수련

★ 생물 박사 상식 ★ 강에 뿌리내린 맹그로브 숲

아마존 하구는 바닷물과 강물이 만나는 곳이에요. 이곳에는 진흙과 갯벌이 생기고, 소금기에 강한 맹그로브가 자라요. 아마존 하구는 영양분이 풍부해서 나무가 잘 자라고, 맹그로브 숲은 여러 동물의 집이 되며 바닷가 마을을 파도로부터 지켜 줘요.

전 세계 열대 우림은 어디에 있을까?

지구 곳곳의 다양한 열대 우림 생태계

세계 곳곳에는 다양한 열대 우림이 있어요. 이곳에서는 수많은 원주민이 오랜 세월 동안 자연과 더불어 살아왔어요. 독특한 약용 식물과 거대한 동식물, 알록달록한 앵무새와 화려한 독버섯 같은 특별한 생명체들이 가득해요. 중앙아메리카의 열대 우림은 재규어와 원숭이가 뛰어 놀고, 아프리카의 열대 우림에는 콩고 분지가 펼쳐져 있어 고릴라가 살아요. 보르네오와 수마트라 섬의 아시아 열대 우림에서는 오랑우탄을 볼 수 있으며, 오스트레일리아의 열대 우림에는 희귀한 새와 고대 식물이 많이 자란답니다.

세계 각지의 열대 우림

북아메리카

유럽

아시아

아프리카

재규어

남아메리카

원숭이

오랑우탄

오스트레일리아

■ 열대 우림

고릴라

화식조

아마존에는 '걷는 야자'라고 불리는 신기한 나무가 있어요. 햇빛이 잘 드는 곳이나 땅이 단단한 곳을 향해 1년에 약 20센티미터씩 느리게 움직이죠. 나아가는 쪽으로 뿌리가 자라서 오랜 시간이 지나면, 처음 자리에서 꽤 떨어진 곳으로 이동해 있답니다.

7화
동물들을 구출하라!

아까 타루 씨랑 같이 엿들었는데,

밀렵꾼들은 아침에 떠난대.

큰일이네….

밀렵꾼들이 아마존을 빠져나가게 하면 안 돼.

네 말이 맞아. 아침에 박사님께 연락을 드리자!

밤이 깊었으니까 일단 자고 내일 아침에 작전을 짤까요?

좋아요.

그럼 저는 먼저 잘게요~.

빙글

제인, 넌 안 자?

네가 모은 생물 데이터 좀 정리하고 자려고.

어때, 많이 모았지?

응, 역시 맡기길 잘했어!

하! 하!

나도 먼저 잘게. 내일 만나!

브르야, 잘 자.

다음 날

펄럭

웃차.

슥

한 마리도 빠짐없이 다 챙겨.

알겠습니다!

옮기면서 동물들 잘 챙기고 상태도 확인해!

다치면 제값을 못 받아.

네!

덜컹

덜컹

부스럭

지잉―

들키지 않도록 조심조심 찍을게.

지금 동물들을 데리고 움직이려나 봐요.

히아신스 잉꼬
전 세계에서 가장 큰 앵무새.
아름다운 깃털 색깔과
온화한 성격으로 유명해요.
아름다울 뿐만 아니라
지능도 뛰어나답니다.

멸종 위기 동물들이
잔뜩 있어!

마게이
중남미 열대 우림에 사는
작은 야생 고양잇과 동물.
주로 나무 위에서 생활해요.
아름다운 털 무늬 때문에
모피용으로 많이 사냥되었어요.

쿠궁

마니!

마니를 구해야 해!

버둥

버둥

차카, 기다려 봐!

네 마음은 알지만 너무 위험해.

흑흑....

조금 더 때를 기다리자.

싸 아 아

브르야,
영상 찍었지?

응, 박사님께
전부 보낼게!

배가 오는군.
다들 실을 준비해.

통
통

쿵

무거운
녀석들부터
먼저 실어!

영차

까악!

마니…!

이렇게 보고만 있을 거야?

저러다가 진짜 데려가면 어떡해!

엉

엉

그치만 경찰이 올 때까지 기다려야 해.

밀렵꾼들과 직접 맞서긴 힘들어….

저들을 막을 다른 방법이 없을까요?

지끈

이럴 땐 어떻게 하지?

아나콘다야,
여긴 어떻게 왔어?

너희를 도와주려고
모두 함께 왔다.

그러다가 또
다칠지도 몰라.

괜찮다.

녀석들에게 잡혀 있는
친구를 구해야 해!

맞아 맞아!

그리고 너희에게 진
빚을 갚아야지.

모두들
정말 고마워!

찌~잉

그럼 다 같이
작전을 짜 보자.

브르 군에게
비상 연락이 왔잖아?

무슨 일이지?

타닥

한편,
베이스캠프

앗!

한 마리도 빠짐없이
다 챙겨.

이, 이건
불법 밀렵꾼들?

위치 정보도
같이 보냈군.

얼른 경찰에
신고부터 하자.

탐험대가 위험해!
나도 가 봐야겠어!

후다닥

8화
군대개미의 등장

그럼 우리가 뒤에서 따라갈게.

동물 친구들이 직접 배를 막으면 어떨까?

우리가 열심히 도울 테니까 걱정하지 마!

진짜 든든하다! 고마워~.

그럼 일단 동물들을 두 팀으로 나누죠.

아나콘다와 큰수달은 배가 출발하지 못하게 막고,

꾸덕

저와 재규어, 새들은 밀렵꾼들의 시선을 끌게요.

꾸덕

그런데 밀렵꾼들이 총을 쏘면 어떡해요?

우리는 무기도 없잖아요.

그건 우리한테 맡겨!

긴 장

두둥

너희는…
군대개미?

둥

우리도 힘을
보태려고 왔어.

총을 쏠 수 없게
우리가 막아 볼게.

군대개미라면
믿을 수 있지!

맞아~!

좋아!
작전 시작!

척!

이게 마지막인가?

응, 이것만 실으면 끝이야.

꼬덕

꼬덕

다들 위치로!

샤샥

사아....

1팀은 왼쪽으로!

2팀은 오른쪽으로!

우르르

군대개미란?

군대개미는 일반 개미와 달리 고정된 집을 짓지 않고, 주변의 먹이가 부족해지면 매일 새로운 방향으로 이동해요. 그래서 '방랑개미'라고도 불리지요.

한 집단이 수십만에서 수백만 마리에 이를 만큼 규모가 매우 크며, 앞서 가는 개미의 페로몬과 신호를 따라 움직여요.
협동력이 뛰어나서 함께 사냥하는데, 자기보다 더 큰 동물까지 사냥할 수 있답니다.

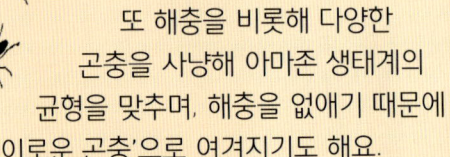

또 해충을 비롯해 다양한 곤충을 사냥해 아마존 생태계의 균형을 맞추며, 해충을 없애기 때문에 '이로운 곤충'으로 여겨지기도 해요.

군대개미는 위협을 느끼면 집단적으로 방어하거나 공격해요. 물리면 굉장히 아프기 때문에 물리지 않도록 조심해야 하지요.

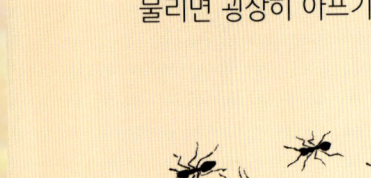

하지만 원주민들은 군대개미의 강력한 턱 힘으로 상처를 봉합해요. 군대개미가 피부를 물도록 해서 상처를 붙인 다음, 몸통을 떼어 내 턱만 상처에 고정시킨답니다.

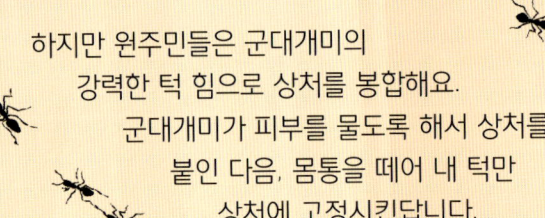

군대개미의 계급

군대개미는 여왕개미와 병정개미, 일개미로 계급이 나누어져 있고,
계급마다 정해진 역할이 있어요.

여왕개미

알을 낳는 유일한 존재로,
무리 전체의 번식을 담당하고
있어요. 하루에 수천 개의
알을 낳을 수 있지요.
무리의 가운데 또는 안전한
곳에 자리를 잡고, 일개미들의
보살핌을 받는답니다.

병정개미

몸집이 크고, 다리와 턱이
발달했어요. 턱은 낫처럼
생겼고, 힘이 매우 강해요.
무리에서 방어와 공격을
담당한답니다.
크고 강력한 턱으로 적을
공격하거나 먹이를 잘라요.

일개미

무리에서 수가 가장 많아요.
일개미 중에서도 큰 일개미는
병정개미를 도와 먹이를
사냥하거나 옮기는 일을 해요.
작은 일개미는 알과 애벌레를
돌보는 등 아주 다양한 일을
하지요.

파악

슝—

와장창

누구냐!

무슨 일이야?!

돌?

어디서 날아온 건지
당장 확인해!

네!

후다닥

일단 총 먼저 챙기자!

혁

혁

스윽

뭐, 뭐야? 총에 왜 개미들이 있어?

와들짝

꼬집

꼬집

꼬집

으아악!

대체 어디서 나타난 거야!

허억, 헉!

비켜!

훅

앗!

덜컥

덜컥

아니, 갑자기 왜
시동이 안 걸려?

푸르르으으으

큰수달
수달 중에 몸집이 가장 커요.
하루에 약 3킬로그램의 먹이를 먹는데,
물고기와 갑각류뿐만 아니라
작은 악어도 잡아먹는 포식자랍니다.
큰수달의 몸에 난 짧고 부드러운 털은
몸이 물에 젖지 않도록 도와요.

덜컥...

크윽,
제발…!

덜컥...

쩽그랑

으악!

끼야아악!

살려 줘~!

다

다

다

우악

감히 동물들을 괴롭혀?

슈우우

두리번

폴

짝

차카, 기다려! 위험해!

뽈 뽈 뽈

타루 씨, 제 뒤 좀 봐 주세요!

알겠어요!

징 징

마니!

차카 님?

절 버리고 도망치신 줄 알았는데….

미안해, 마니. 용서해 줘!

내가 꼭 구해 줄게.

왜 이렇게 안 열리지?

쯔응

차카, 비켜 봐.

응?

마니!

차카 님~!

고마워, 브르야.

인사는 나중에 하고 얼른 도망쳐야 해.

거기, 멈춰.

히익!

휘

릭

좌

락

후다닥

우리 일을 방해하다니,
가만두지 않겠다.

저, 그게….

떨

떨

꽈
악

크고 웅장한 아마존강

초등 교과 연계
3~5학년 생물과 환경

물과 물고기가 가장 많은 강

아마존강은 거대한 뱀처럼 구불구불 흘러 남아메리카 대륙을 가로질러요. 지구에서 물이 가장 많이 흐르는 강이지요. 페루, 에콰도르, 콜롬비아, 베네수엘라, 브라질처럼 여러 나라를 지나 흘러가요. 아마존강은 1년 내내 햇볕이 강하게 내리쬐기 때문에 강물이 늘 미지근하게 데워져 있답니다.

아마존강의 물속 온도는 보통 26도에서 30도까지 올라가요. 가장 깊은 곳은 아파트 30층 높이만큼 깊지요. 깊고 넓은 아마존강에는 다리가 하나도 없어서 배를 타고 오갈 수밖에 없어요. 아마존강에는 지구에서 가장 많은 종류의 어류와 포유류, 파충류, 양서류, 조류 등 다양한 동물이 살고 있답니다.

아마존강에 사는 동물들

포유류	아마존강돌고래, 매너티, 큰수달 등
어류	피라냐, 전기뱀장어, 피라루쿠, 메기 등
파충류	아나콘다, 카이만, 거북 등
조류	왜가리, 홍학, 물총새 등
양서류	독화살개구리, 양면두꺼비 등

카이만

물총새

★ 생물 박사 상식 ★   피라냐는 늘 새 이빨이 날까?

피라냐는 작고 칼날 같은 날카로운 이빨을 가지고 있어요. 오른쪽 이빨이 무뎌지면 한꺼번에 빠지고, 새 이빨이 줄줄이 자라나요. 그동안에는 왼쪽 이빨로 먹이를 자르지요. 몇 달마다 이빨이 새로 나기 때문에 항상 날카로운 이빨로 사냥해요.

아마존강에는
어떤 동물이 살까?

아마존강을 대표하는 동물들

아마존강돌고래

포유류, 보토과 | 몸길이: 약 2~2.5미터
탁한 강물 속에서도 초음파를 쏘아
앞을 잘 볼 수 있어요.

어류, 카라신과 | 몸길이: 약 15~30센티미터
무리를 지어 다니며, 날카로운 이빨로
빠르게 먹이를 잘라 먹어요.

피라냐

전기뱀장어

어류, 전기뱀장어과 | 몸길이: 최대 2.5미터
먹이를 잡거나 적의 공격을 받았을 때
'찌릿!' 하고 강력한 전기를 내뿜어요.

포유류, 수달과 | 몸길이: 약 1.5~1.8미터
가족 단위로 무리를 지어 사냥하고,
물고기를 잡아먹어요.

큰수달

매너티

포유류, 매너티과 | 몸길이: 약 3미터
무게가 약 400킬로그램으로, 강바닥의 수초를
먹고 사는 온순한 동물로 '강의 소'라고 불려요.

★ 생물 박사 상식 ★ 전설의 흡혈 물고기, 칸디루

다른 동물의 피를 빨아 먹는 칸디루는 몸이 가느다랗고
투명해서 잘 보이지 않아요.
보통 큰 물고기의 아가미 속으로 파고들어 피를 빨아
먹어요.

© Ivan Sazima, https://buly.kr/C0Aetfu

115

9화
차카의 용기

어디서 온 녀석들이냐! 혹시 경찰인가?

파악

으윽.

차카, 어서 피해!

휙

휑~

…이미 피했구나.

브르 씨가 잡혔어요!

브르야!

깜

짝

허튼수작 부리기만 해 봐!

그럼 이 녀석이 위험해질 테니까!

팽!

으악!!

타루 씨, 어떡하죠?

일단 다가가지 말고 지켜보죠.

빼꼼

브르는 어떻게 됐지?

차카 님,
뭐 하세요?
얼른 도망가요!

....

아냐, 마니.
먼저 가.

네?!

난 브르를
구할 거야.

그치만 혼자서
어떻게요?

그러고는 스스로를
원망했지.

네가 잡혀 갈 때도
난 도망치기 바빴어.

왕자가 돼서
백성들이 잡혀 가는 걸
보기만 하다니….

게다가 브르는
내 목숨을 구해 준
은인이야.

이제는 도망치지
않겠어!

뷰릅!

차카 님!

사
사
삭

징

징

이얍!

탓

차카,
조심해!

쿠오오

음?

확

이 이구아나는 뭐야?

쭈~욱

대롱~

떨어져! 떨어지라고!

에잇!

화악

위험해요!

안 돼~!

풍덩

뽀글

뽀그르르

채찍이 풀렸어. 얼른 물 밖으로 나가야 해!

위적

위적

콱

으읍?

왁

두

둥

옥신 각신

첨벙

브르야!

첨벙

브르를 구해야 해요!

훅

잠깐만요!

우리에겐 비장의 카드가 있잖아요.

!!

아…!

으, 으아악~!

휘릭

브르,
내 꼬리 잡아!

꼬덕

슈우욱

휴, 살았다….

브르야, 괜찮아?

응, 동물 친구들 덕분에!

두 두 두

앗, 이 소리는?

브르 군, 내가 왔네!

두

두 두

존 박사님!

10화

아마존 밀렵꾼들의 최후

존 박사님~!

제인과
타루 군도
무사하구나!

거기 밀렵꾼들,
꼼짝 마!

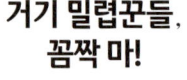

히익!
경찰이다!

이렇게 잡힐 수는 없어!
계획에 없던 일이라고!

억울해~!

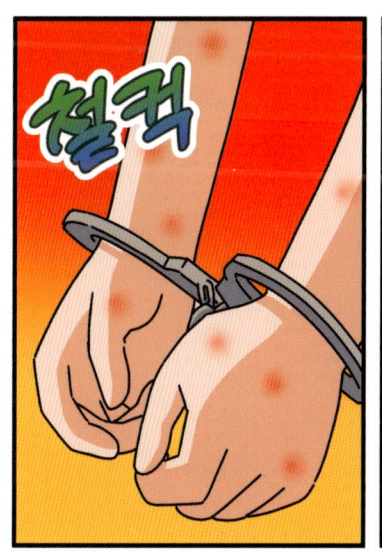

서둘러 배에
태워 갑시다.

얌전히 따라와!

동물들을 괴롭히다니, 이 나쁜 인간!

앗, 차가워!

차카, 참아!

그래 그래

이구아나 너, 가만 안 둬~!

조용히 해!

마침 추적하던 밀렵꾼들이었는데

도움을 주셔서 감사합니다.

그럼 이만.

통 통

조심히 가세요~.

흠.

왁

134

생물을 조사하랬지,
밀렵꾼과 싸울 줄
상상도 못 했다네!

뻐

럭

무기가 있는
사람들한테 덤비다니,
위험한 상황이었다고!

죄송해요,
박사님….

다들 무사해서
정말 다행이야.

위험하긴 했지만
동물 친구들이
도와줘서

위기를 넘길 수
있었어요.

대단하군.
그 정도로 동물들과
교감하다니!

참, 동물들을
풀어 줘야지.

끼익

친구야,
보고 싶었어!

나 너무
무서웠어.

친구들을
구해 줘서 고마워!

차카 붕대도
풀어 줄게.

상처가 많이
아물었어.

쓱

고마워.
브르와 제인,
그리고 타루.

할 일을
한 거지!

정말 고마워!
첫 인간 친구인 널
잊지 않을게!

나야말로 아마존에서
멋진 이구아나 친구를
만나서 행복했어.

엥

엥

브르야, 이제
돌아갈 시간이야.

스윽

응….

차카, 건강히
잘 지내야 해!

당연하지!

오호!

브르 군과 제인이
아마존에 있는 동안
조사를 많이 했군.

생물 데이터 양이
어마어마하다네.

브르 덕분이죠.

헤헷!

아마존에 다녀왔으니
전 이제 휴가를….

잠깐.

멈칫

탈 세척하기

1
브르 군, 탈을 세척해야 하니 이리 주게.

네, 박사님. 여기요!

2
으으, 지독한 냄새!

퀴퀴~

브르 군이 땀을 많이 흘렸나 보군.

3
털어도 털어도 뭐가 계속 나와.

탈
탈

4
히익, 지네까지?

깜짝

꾸물

아마존왕지네

엉뚱한 존 박사님

아무리 봐도 허전해.
탈에 여러 가지 기능을
추가해 봐야겠어!

밥을 해 주면
편하겠지?

메뉴 추천도
빠질 수 없어.

청소 도구도
넣으면 좋을 거야.

길 안내 기능은
필수라고.

치직

치직

탈을 업그레이드
했다네!

??

다들
구경해 보게~!

짜잔~.

끼긱

도대체 뭘
만드신 거예요?

아마존의 현재와 미래

초등 교과 연계
4~6학년 생태계와 환경

아마존에 찾아온 위기

기후 변화로 지구가 점점 더워지면서 아마존 숲도 조금씩 사라지고 있어요. 비가
오지 않는 가뭄이 길어지면 나무가 시들고, 산불이 자주 일어나요. 큰 산불은
많은 나무를 태우고, 동물들의 보금자리를 빼앗아 간답니다.

아마존이 사라지는 또 다른 이유는 사람들의 활동 때문이에요. 아마존에서 자라는
고무나무의 수액은 자동차 타이어, 신발 밑창, 장난감 등 여러 가지 물건을 만드는
데 쓰이는 고무의 원료가 되지요. 그래서 사람들은 돈을 벌기 위해 숲을 베고,
그 자리에 고무나무를 심기 시작했어요. 또 비싼 값에 팔 수 있는 좋은 나무들을
베면서 숲이 계속 파괴되고 있어요.

아마존 땅속에는 금, 철, 석유 같은 귀한 자원도 많아요. 지금도 많은 회사가 자원을
캐기 위해 땅을 파고, 나무를 자르고, 물을 오염시키고 있어요. 그중에서도 아마존
숲을 가장 많이 없애는 건 바로 소를 키우기 위한 '목장'이에요. 목장 주인들은
소에게 먹일 풀을 기르려고 숲을 베거나 불태우고, 그 자리에 넓은 풀밭을 만들어요.

아마존 숲에 산불이 난 모습

아마존 숲을 파괴하는 현장

★ 생물 박사 상식 ★ 소의 방귀와 트림도 공기를 오염시킨다고?

소가 풀을 먹고 소화하는 동안 트림을 하거나 방귀를 뀌어요. 이때 나오는
'메탄'이라는 기체는 지구를 뜨겁게 만드는 힘이 아주 강해요. 자동차가 내뿜는
배기가스(이산화 탄소)보다 20~30배나 더 강하게 열을 가두지요. 그래서 소의
트림과 방귀도 공기를 오염시키는 원인 중 하나예요.

소중한 아마존,
우리 같이 지켜 나가요!

아마존을 지켜라!

아마존 숲은 우리가 숨 쉬는 산소를 만들어 주는
지구의 허파예요. 나무들은 물을 증발시켜 비를
만들고, 온도를 조절해 지구가 너무 덥거나
건조해지지 않도록 도와줘요. 아마존 숲이 사라지면
비가 적게 오고, 폭염이 더 자주 발생해요. 또 많은
동물이 살 곳을 잃고 멸종할 위험이 커지지요. 특히
벌과 새가 사라지면 농작물이 잘 자라지 못해, 우리
삶에도 큰 어려움이 생겨요.

2023년, 에콰도르에서 국민 투표를 했어요. 아마존 숲에 있는 야수니 국립공원에
석유가 발견되었기 때문이에요. 석유를 캐서 돈을 벌자는 사람들과 아마존 숲을
지키자는 사람들로 의견이 나뉘었어요. 다행히 투표 결과, 아마존을 지키자는
사람들이 이겼어요. 사람들은 함께 힘을 모아 지구의 보물, 아마존을 지킬 수 있게
되었답니다.

아마존을 지키는 환경 보호 단체

세계자연기금(WWF, World Wide Fund for Nature)
숲에 보호 구역을 만들어 불법 사냥을 막고,
불이나 가뭄으로부터 숲과 동물을 지켜요.

아마존 보존팀(Amazon Conservation Team)
원주민과 함께 나무를 심고, 전통 지혜를 살리며
숲과 문화를 함께 보호해요.

아마존 인류 · 환경 연구소(Imazon)
위성 사진으로 숲이 파괴되는 모습을 감시하고
불법으로 나무 베는 일을 막기 위한 정보를 알려 줘요.

아마존 원주민의 모습

★ 생물 박사 상식 ★ **아마존을 지키기 위해 할 수 있는 일**

아마존을 지키기 위해 우리가 할 수 있는 일은 아주 많아요. 먼저, 일회용품을
적게 쓰는 것이 중요해요. 석유와 고무나무로 만들어지는 고무와 플라스틱 소비가
늘어나면 아마존 숲에 있는 나무를 더 많이 베어야 하기 때문이지요. 또 아마존을
지키는 환경 단체들을 응원하는 것도 큰 힘이 된답니다.

지식 쏙쏙 생물 과학

생체 모방 기술은 자연에 있는 동물과 식물의 구조나 기능을 본떠 만든 기술이에요.
자연은 수억 년 동안 진화하며 효율적인 생존 방법을 만들어 왔지요.
우리는 이런 자연의 원리를 연구하고 응용해서 새로운 기술이나 제품을 개발할 수 있어요.

아마존 대표 민첩한 새, 벌새

벌새는 아마존 열대 우림을 포함한 아메리카
대륙 전역에 사는 새로, 길고 뾰족한 날개
덕분에 꽃들 사이를 효율적으로 날아다녀요.
공중에서 멈추거나 방향을 자유롭게 바꾸는
특별한 비행 능력을 가지고 있어요.

빠른 날갯짓과 정교한 움직임은
가벼운 몸과 뛰어난 근육 조절 능력
덕분이에요. 이런 특성은 소형
드론이나 미세 비행 로봇 개발에
응용되고 있답니다.

드론

비행 로봇

세상에서 가장 큰 잎, 아마존 수련

아마존 수련은 아마존강 유역의 고요하고 얕은
물에 사는 식물로, 지름 2~3미터에 달하는
거대한 잎을 가지고 있어요. *부력이 크기 때문에
성인이 올라가도 가라앉지 않지요. 잎 표면은
*발수성과 자기 청소 기능이 뛰어난 구조로
물과 오염물이 쉽게 흘러내려요.

이 구조는 발수 코팅, 젖지 않는 의류,
방수 페인트 등에 응용되고 있지요.

발수 코팅

방수 페인트

*부력: 기체나 액체 속 물체가 압력을 받아 위로 떠오르는 성질.
*발수성: 물이 닿으면 젖지 않고, 또르르 굴러떨어지는 성질.

생체 모방 기술로 자연의 지혜를 알아보자!

놀라운 점프력과 시력을 가진 깡충거미

깡충거미는 뛰어난 시력과 점프력, 위장술, 그리고 높은 지능을 가진 작은 포식자로 열대 우림에서 살아요. 눈이 8개나 되는 이 거미의 독특한 시각 시스템은 마이크로 로봇의 거리 측정 센서나 인공 시각 시스템 등에 이용되고 있답니다.

거미줄은 가볍고 잘 늘어나면서도 쉽게 끊어지지 않아 아주 질겨요. 이 성질을 이용해 튼튼한 옷감, 인공 인대, 방탄 소재 개발 등에 응용되고 있지요.

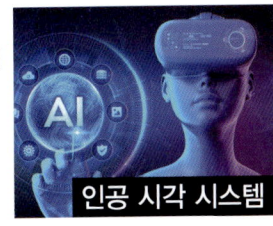

인공 시각 시스템

방탄 소재

아름다운 날개를 가진 모르포 나비

모르포 나비는 아마존 열대 우림을 대표하는 대형 나비예요. 이 나비 날개의 아래쪽은 천적으로부터 몸을 숨기기 위한 갈색이지만 위쪽은 햇빛을 받으면 반짝이는 푸른빛을 내요. 날개 표면의 미세한 격자 구조에 햇빛이 부딪혀 튕겨 나가면서 만들어지는 색이지요.

이 원리는 위조 방지 잉크, 디스플레이 등 첨단 기술 개발에 응용되고 있습니다.

위조 방지 기술

디스플레이

똑똑! 생물 박사 퀴즈

이제 나도 아마존 박사! 퀴즈의 정답을 맞혀 보아요!

1 아마존은 '지구의 허파'라 불릴 만큼 산소를 많이 만들어요.

2 아마존은 세계에서 두 번째로 큰 열대 우림이에요.

3 세계에서 가장 큰 뱀 중 하나로, 물속에서 잘 헤엄쳐요.

ㅇㄴㅋㄷ

4 아마존강을 대표하는 포식성 민물고기로, 이빨이 날카롭고 뾰족해요.

ㅍㄹㄴ

5 스스로 꼬리를 자를 수 있는 동물은 누구일까요?

① 토끼　② 이구아나

6 위협을 느끼면 집단으로 공격하며 독침을 가지고 있는 개미는 누구일까요?

① 불개미　② 군대개미

7 열대 우림은 연중 강수량이 많고

계절은 주로 ＿＿＿와 ＿＿＿로 나뉩니다.

8 모르포 나비는 햇빛을 받으면

＿＿＿ 색으로 반짝이는 날개를 가지고 있어요.

9 공중에서 정지 상태로 멈춰 있을 수 있는 동물은 누구일까요?

① 벌새　② 닭　③ 타조

10 아마존 수련 잎이 가진 특징은?

① 잎이 빨간색이다.
② 사람이 올라탈 수 있다.
③ 잎 전체가 가시로 덮여 있다.

정답 1.O 2.X 3.아나콘다 4.피라냐 5.② 6.① 7.건기, 우기 8.파랑 9.① 10.②

힌트
나는 등부터 꼬리까지 갈기가 있어.

11

❶ 아마존돌고래
❷ 이구아나
❸ 독화살개구리

12

힌트
나는 놀라운 점프력과 시력을 가지고 있어.

13

❶ 큰수달
❷ 매너티
❸ 피라냐

힌트
나는 아마존강에 살고 있어.

❶ 깡충거미
❷ 불개미
❸ 타란툴라

14

힌트
내 무늬는 크고 둥근 테두리 안에 검은 점이 있단다.

❶ 나무늘보
❷ 북극곰
❸ 카피바라

15

힌트
나는 하루 종일 나무에서 지내.

❶ 사자
❷ 재규어
❸ 호랑이

정답 11.② 12.② 13.① 14.① 15.②

글 | 신태훈

네이버 웹툰 <놓지마 정신줄!>로 데뷔해 15년 넘게 활동을 이어온 웹툰 창작자.
웹툰·학습만화 전문 창작 스튜디오인 썬더스튜디오를 설립했습니다.
<놓지마 과학!> 시리즈 등 60권 이상의 아동·청소년 학습만화를 집필하며 국내외 독자에게 사랑받고 있습니다.

글 | 슬다

청강문화산업대학에서 만화를 전공하였고 웃음 터지는 만화를 만드는 게 꿈입니다.
네이버웹툰 <바바리안 영애>, 어린이과학동아 <바바리안 원소 유물 탐험대>를 연재하였습니다.

그림 | 둠둠

공주대학교에서 만화를 전공했으며 카카오웹툰 <레드앤매드>, 네이버웹툰 <바바리안 영애>,
어린이과학동아 <바바리안 원소 유물 탐험대>를 연재하였습니다.

감수 | 유윤한

이화여자대학교 과학교육과를 졸업하고, 어린이들에게 과학을 쉽고 재미있게 알려주는 책을 쓰고 있어요.
<궁금했어, 우주> <궁금했어, 인공지능> <궁금했어, AI 로봇> <지능 입맛 성격 모두 다 유전일까?> 등을 썼고,
<플라스틱이 가득한 지구> <지구에는 생물이 가득가득> <우리 몸속 슈퍼파워 DNA> 등을 번역했어요.

1판 1쇄 인쇄 | 2025년 10월 17일
1판 1쇄 발행 | 2025년 10월 28일

원작 | 정브르
글 | 신태훈, 슬다 **그림** | 둠둠
제작진 | 권나율, 임수민, 김규리
감수 | 유윤한, 샌드박스네트워크

발행인 | 심정섭 **편집인** | 문영
편집 팀장 | 최영미 **편집** | 허가영, 이선민 **디자인** | 권규빈
출판마케팅 | 홍성현, 김호현 **제작** | 이수행, 정수호

발행처 | (주)서울문화사
등록일 | 1988년 2월 16일 **등록번호** | 제2-484
주소 | 서울특별시 용산구 새창로 221-19(한강로2가)
전화 | 02-791-0708(판매) 02-799-9186(편집)
인쇄처 | 에스엠그린

ISBN | 979-11-7371-548-8
　　　　 979-11-7371-547-1 (세트)

130만 유튜버 탁주쪼꼬
첫 번째 오리지널 시리즈

진짜 탁주쪼꼬의 세계,
지금 시작합니다!

원작 탁주 쪼꼬 | 만화구성 최진규 | 게임 콘텐츠 및 감수 오규환 교수 | 값 15,000원

추천해요!

탁주쪼꼬의 게임 속 모험을
그대로 즐기고 싶다면!

직접 코딩하며
크리에이터로 성장하는
특별한 경험을 하고 싶다면!

함께 배우는 게임 팁과
탁주쪼꼬가 직접 선별한
추천 게임이 궁금하다면!

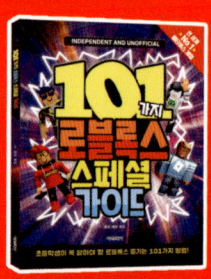